UNE

RECONNAISSANCE

A MADAGASCAR

(Extrait de la *Revue des Troupes coloniales.*)

PARIS
HENRI CHARLES-LAVAUZELLE
Éditeur militaire
10, Rue Danton, Boulevard Saint-Germain, 118
(MÊME MAISON A LIMOGES)

UNE

RECONNAISSANCE

A MADAGASCAR

UNE

RECONNAISSANCE

A MADAGASCAR

PARIS
HENRI CHARLES-LAVAUZELLE
Éditeur militaire
10, Rue Danton, Boulevard Saint-Germain, 118

(MÊME MAISON A LIMOGES)

UNE
RECONNAISSANCE
A MADAGASCAR

Dans le courant de l'année 1900, nous n'avions pas encore complètement pénétré au sud de l'île, dans la forêt qui s'étend parallèlement à la côte Est. Nous cherchions à obtenir par l'action politique la soumission des tribus indépendantes de cette région.

Dans ce but, les commandants de postes avaient reçu l'ordre de se mettre en relation avec les différents groupements indigènes encore réfractaires, au moyen de reconnaissances toutes pacifiques, dont l'arrivée, pour ne pas inquiéter l'esprit méfiant des populations, était toujours annoncée et préparée par des émissaires. C'est au cours d'une de ces reconnaissances dans le cercle militaire des Bara, que le sous-lieutenant Frénée, de la 8e compagnie du 2e régiment de tirailleurs malgaches, fut très grièvement blessé par des indigènes qui, après l'avoir reçu amicalement la veille et avoir négocié avec lui, l'attaquèrent traîtreusement à l'improviste sans que rien ne pût motiver ni même expliquer un tel changement d'attitude.

Cet épisode est relaté dans le rapport ci-après du capitaine Lespagnol, rapport que nous reproduisons textuellement, parce que, écrit sur le moment même, il présente simplement et exactement les faits. Nous reproduisons également, mot pour mot, les notes inscrites par le sous-lieutenant Frénée sur son carnet de route, pendant les incidents de la reconnaissance.

Si éloquent dans sa simplicité, ce récit met en évidence la conduite héroïque de ce jeune officier, ainsi que celle du soldat Ehrentrant et des quelques tirailleurs et miliciens qui les accompagnaient.

Rapport du capitaine LESPAGNOL, commandant le secteur d'Ivondro, au sujet d'une reconnaissance exécutée par M. le sous-lieutenant Frénée, de la 8e compagnie du 2e régiment de tirailleurs malgaches.

L'administrateur de la province de Farafangana ayant estimé que le Ranofotsy (région du haut Itomampy) demeurait le principal obstacle à la pacification complète du district de Vangaindrano, ordre avait été donné de continuer des reconnaissances pacifiques parmi les clans encore hésitants des tribus du haut Itomampy. Cette question avait d'ailleurs été, au préalable, l'objet d'une étude et d'une préparation sérieuses, afin que lesdites reconnaissances ne pussent donner lieu à aucune méprise. Dans ce but, les différents clans avaient été, à l'avance, soigneusement prévenus de nos intentions toutes conciliantes.

Dans le Ranofotsy proprement dit, un seul chef, Raby, se montrait encore rebelle; mais son frère (Raifondy, du village de Beseva) avait, récemment, fait sa soumission et laissé prévoir que Raby se déciderait sans doute à l'imiter.

Entre Midongy et le Ranofotsy, plusieurs clans étaient encore insoumis : Zafindravola de Bemalanto, Andrabé d'Ibehoza et Vohimainty; mais ces clans avaient fait des promesses. En outre, aucun acte d'hostilité n'avait accueilli les reconnaissances qui les avaient visités en novembre 1899 (lieutenant Guibé) et en février 1900 (sous-lieutenant Frénée).

Enfin, les émissaires qui avaient annoncé et préparé l'arrivée de la reconnaissance qui fait l'objet de ce rapport avaient déclaré que, peut-être sur certains points, à l'approche de la troupe, les habitants s'enfuiraient, abandonnant leurs villages, comme le fait s'était déjà produit dans les reconnaissances précédentes; mais ils avaient également affirmé qu'il ne nous serait fait aucune violence si, de notre côté, nous ne molestions pas les indigènes.

Cette dernière éventualité n'était pas à craindre, surtout avec le lieutenant Frénée, qui, très doux de caractère, avait constamment fait preuve de beaucoup de tact et de prudence, apportant dans toutes ses relations avec les indigènes un esprit de justice et de conciliation qui lui avait gagné en même temps que l'estime de ses chefs la sympathie de ses administrés.

Le 22 août, à 10 heures du matin, le sous-lieutenant Frénée quittait Midongy, accompagné du soldat Ehrentrant, de la 12e compagnie du 13e de marine, de 32 hommes choisis parmi les meilleurs éléments du secteur, tirailleurs et miliciens, et d'une vingtaine de partisans.

Cet officier devait marcher à petites journées et avait pour mission de prendre contact avec les indigènes et de dissiper leur méfiance en leur persuadant, que, loin d'être animés d'intentions hostiles à leur égard, nous n'avions qu'un désir, celui d'entrer en relations et de vivre en bonne intelligence avec eux, heureux de leur voir continuer en toute quiétude leurs travaux de culture ou de pêche, ainsi que la surveillance de leurs troupeaux.

Entre temps, le chef de la reconnaissance devait pro-

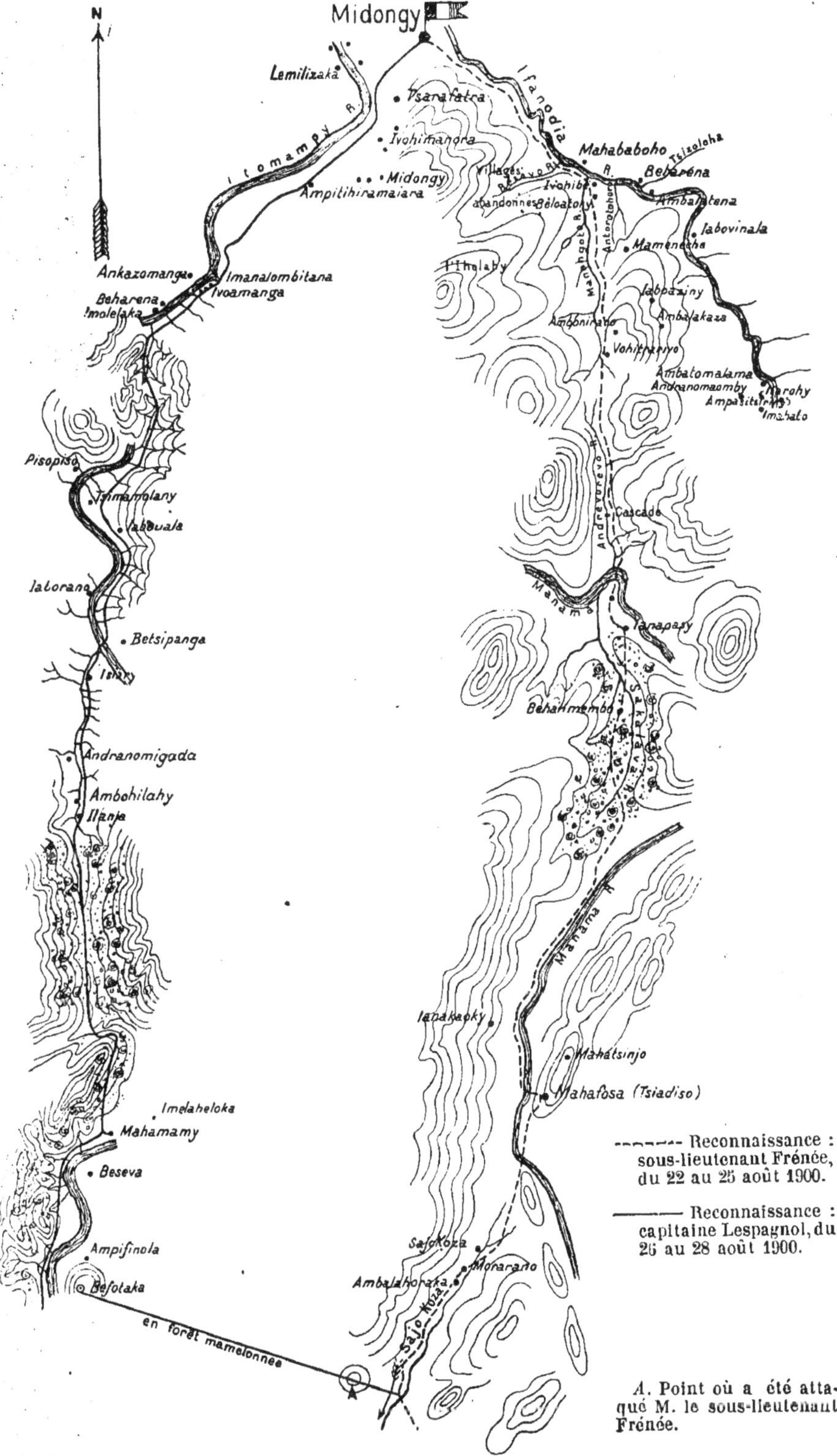

-------- Reconnaissance : sous-lieutenant Frénée, du 22 au 25 août 1900.

———— Reconnaissance : capitaine Lespagnol, du 26 au 28 août 1900.

A. Point où a été attaqué M. le sous-lieutenant Frénée.

céder à un commencement de recensement de la population et à l'étude de ses origines, mœurs et coutumes.

Il se maintiendrait en relation avec le commandant du secteur, soit par des courriers spéciaux, soit au moyen des porteurs de vivres, qui lui seraient envoyés tous les 2 ou 3 jours.

Le 22, à 8 heures du soir, un mot de M. Frénée parvenait à Midongy, annonçant qu'il renvoyait son mulet, lequel s'était embourbé et avait cassé mors et bride.

Il lui était répondu par l'envoi d'un filanzane.

Le 23, M. Frénée faisait savoir, de Behalimembo, que le pays traversé était très difficile et se prêtait peu à l'emploi du filanzane.

Le 24 et le 25, pas de nouvelles.

Le commandant du secteur n'en attendait, du reste, pas avant le lendemain.

Le 26, à 10 heures du matin, un Bara arrivait à Midongy porteur d'un billet signé Ehrentraut et ainsi conçu : « Ce matin, nous avons été attaqués par les fahavalos (1) ; 2 miliciens tués, lieutenant mortellement blessé. Nous sommes à côté de l'Itomampy, village à six heures de Midongy, à une heure du repaire de Bemalanto. Envoyez un gradé pour prendre le commandement et des cartouches. »

Interrogé, le Bara ne put donner que des explications embrouillées; il fut bientôt facile de se rendre compte qu'il n'avait pas reçu de première main le billet, que celui-ci avait été porté successivement par plusieurs indigènes et qu'il avait mis environ 18 heures pour parvenir à sa destination.

Il déclara qu'il ne connaissait pas le nom du village où se trouvait la reconnaissance, mais que, néanmoins, il pourrait servir de guide ; puis, pressé de questions,

---

(1) Rebelles.

il finit par dire que M. Frénée avait été blessé d'un coup de sagaie dans le dos.

Au reçu de ces nouvelles, le capitaine prend immédiatement ses dispositions pour rejoindre la reconnaissance.

Il quitte Midongy à midi, avec le sergent Jonnaux, de la 1re compagnie du 2e malgaches, le soldat Baraignot, de la 12e compagnie du 13e de marine, 4 miliciens, 19 tirailleurs disponibles, soit 25 fusils et quelques partisans.

En outre, le lieutenant Roy, commandant le district de Vangaindrano, arrivé la veille à Midongy, pour y traiter de vive voix certaines questions, offre obligeamment 10 miliciens de son escorte et 12 bourjanes de profession, qui se joignent à la petite troupe du capitaine Lespagnol.

Au lieu de prendre le même chemin que le sous-lieutenant Frénée, le capitaine coupe au plus court, suivant l'itinéraire marqué sur le croquis ci-annexé.

Vers 2 heures, des Baras disent que la reconnaissance Frénée s'est établie à Béfotaka, qu'il faut passer l'Itomampy à Iaborano, parce que la rive gauche est plus sûre.

Deux tirailleurs sont pris de fièvre et retardent la marche.

L'Itomampy franchi, le chemin suit une série de mamelons, sur lesquels, ou à proximité desquels, se trouvent plusieurs villages abandonnés. Çà et là, des bouquets de bois, à droite et à gauche, et sur le chemin même qu'il faut traverser. Rien de suspect. Mais des tirailleurs malades continuent à entraver la marche; on est entré en forêt; la nuit arrive et le chemin est des plus difficiles. Il importe cependant au plus haut point de rejoindre au plus vite M. Frénée. Le capitaine se décide à prendre les devants avec 13 fusils et en laisse 22 avec les bagages et des guides au sergent Jonnaux, qui devra rejoindre quand il le pourrra, mais sans laisser de traînards.

La marche devient de plus en plus pénible ; à chaque pas, un tronc d'arbre, des racines, le sol qui se dérobe brusquement sous les pieds ; çà et là, de profondes excavations et partout la nuit noire. Pendant six heures, un milicien guide le capitaine par la main, le prévenant à chaque obstacle, lui évitant cent chutes, pour dix qu'il fait.

De temps à autre, de petites éclaircies laissent apercevoir des feux sur la rive droite du fleuve. Feux de fahavalos (1), disent les Bara.

Vers minuit, alerte, des feux au milieu du chemin ; les guides nous arrêtent et n'osent plus marcher.

S'avançant en rampant, le capitaine aperçoit deux indigènes, tranquillement en train de se chauffer; pas de campement, rien de suspect. Interpellés, les deux hommes répondent : « Bourjanes lieutenant... Taratasy.... (2) ». Ils sont, en effet, porteurs d'un mot du soldat Ehrentrant. Celui-ci s'inquiète, craint que son premier billet ne soit pas parvenu à destination. Il écrit : « Aujourd'hui, les Bara ont tiré toute la journée sur notre village (Béfotaka), qu'ils ont essayé de brûler deux fois. Le lieutenant n'est pas encore mort. »

La route se continue dans les mêmes mauvaises conditions. Vers 1 heure du matin, elle s'améliore, longe tout près l'Itomampy et n'est plus boisée à main gauche.

Les guides indiquent le point où doit se trouver Béfotaka. Çà et là, des feux qui marquent les villages ou campements des rebelles.

Vers 2 heures, arrivée au point où il faut repasser sur l'autre bord de la rivière, qui n'est pas guéable. Heu-

(1) Rebelles.
(2) Papier.

reusement une pirogue est amarrée à la rive droite; un Bara va la chercher à la nage.

On passe sans encombre. La rivière traversée, il reste 500 mètres à faire environ pour atteindre le village.

Afin d'éviter toute erreur, dès que la voix peut être comprise, le capitaine appelle ; il est entendu et une ouverture est pratiquée dans la palissade qui entoure le village. Il y pénètre avec ses treize fusils.

Il est environ 3 heures du matin.

M. Frénée est très grièvement blessé; mais il a toute sa connaissance. La sagaie qu'il a reçue a pénétré dans le dos près de la septième vertèbre, suivant une direction oblique, entre le téton droit et l'aisselle. Le poumon a dû être perforé en entier ; bien que le fer ne soit pas ressorti de l'autre côté; il a fait saillie de plusieurs centimètres en avant. L'hémorragie externe a été abondante; celle interne a pu être bénigne. M. Frénée n'a pas de fièvre, mais il n'a pu dormir depuis près de trois jours; sa respiration est pénible ; il a une toux nerveuse et saccadée.

Les deux miliciens tués sont :

Matricule 279. — Rainifara, atteint d'un coup de feu en pleine face, d'un coup de sagaie au poumon droit et d'un autre coup de sagaie au bas-ventre, celle-ci ayant traversé le corps de part en part. Mort instantanée.

Matricule 282. — Razafindriky, tué d'un coup de sagaie au poumon droit. N'a survécu qu'une demi-heure.

Le milicien blessé est :

Matricule 281. — Andriatsiafatanony, coup de sagaie au bras droit formant séton, le fer ayant pénétré également de quelques millimètres dans le thorax, sous l'aisselle.

A l'arrivée du capitaine, M. Frénée lui remet des feuillets détachés de son carnet de route. En voici le contenu qui donne la marche de la reconnaissance.

Extrait des feuilles du carnet de route de M. FRÉNÉE.

1° 24 août, 1 heure soir, sur la Manama.

« Mon capitaine, j'ai reçu ce matin le vin et le pain. Merci. Le sergent Raronga est malade, je suis obligé de le faire porter en filanzane. Je suis arrivé, ce matin, à 9 h. 45 près de Mahafosa, village de Tsiadiso, chef des Vohimainty (en forêt).

» A notre arrivée, un homme lance une sagaie sur l'avant-garde en criant que les Vazaha (1) ne passeront pas, et s'enfuit.

» On voit dans le village et sur des rochers des hommes armés de fusils et de sagaies. Il en accourt d'autres du Nord et du Sud.

» J'arrête la reconnaissance près du village et j'envoie à Tsiadiso, comme émissaire, un Antaivolafotsy soumis du village d'Ianakaoky. Aucun résultat. Je détache alors Tsimitampy, chef Rabelaza d'Ivohibé, et Isahafo, partisan Rabehava. Tsiadiso me fait dire par eux qu'il va envoyer son fils Iarimbola dans un champ de patates qui se trouve à mi-côte, que je m'y rende aussi, seul et sans armes, pour conférer. J'y monte, accompagné de l'Antaivato Tsiavaratra, qui est également sans armes.

» Iarimbola arrive avec un parent et Tsimitampy. Je lui explique comme je peux, en me servant de Tsiavaratra comme interprète (le sergent Raronga, interprète habituel, étant malade), que je viens en pacificateur et qu'il n'a absolument rien à craindre de nous.

» Iarimbola expédie son parent à Tsiadiso. Isahafo, qui avait été retenu comme otage, vient me dire que Tsiadiso fera la paix avec moi dans le village.

(1) Etrangers.

» J'y monte avec Tsiavaratra.

» Tsiadiso est là avec une centaine d'hommes armés, parmi lesquels doivent se trouver certains rebelles de l'autre côté de la frontière (Vohitélo, Isandraha). Je lui répète ce que j'ai dit à son fils Iarimbola.

» Tsiadiso me promet de venir sous peu au poste pour nous voir et faire recenser ses fusils.

» L'entrevue est terminée à midi.

» Je rejoins la reconnaissance sans être inquiété.

» Les Vohimainty me semblent éprouver par-dessus tout une haine violente contre tout ce qui est hova. Ils ont dû avoir à souffrir d'eux quand la côte était au pouvoir de leurs gouverneurs. Ils paraissent aussi avoir de la rancune contre Betafondro et les Français venus de la côte ; mais elle doit leur avoir été inspirée par Indriambily, le chef rebelle d'Imandabé, avec lequel le clan a toujours été en relations.

» Les Vohimainty tiendront-ils leurs promesses en venant à Midongy ? Il serait peut-être prématuré de l'affirmer.

» Quoi qu'il en soit, le contact aura été pris, et il est permis d'attendre d'heureux résultats de cette première entrevue.

» Ce soir, je descendrai la vallée de la Sajokoza, occupée également par des Vohimainty. »

2° 24 août, 11 heures soir, Ambalahoraka sur la Sajokosa.

« J'ai traversé ce soir la chaîne à l'ouest de la Manamana pour gagner la Sajokoza, habitée par des Vohimainty de Tsiadiso.

» Aux sources de la Sajokoza, vers l'est, à la lisière de la forêt, on voit une dizaine d'hommes armés de sagaies. Je les rejoins avec Tsiavaratra et Tsimitampy. Ce sont des gens venus de Mahafosa pour prévenir les Vohimainty de la Sajokoza. En réalité, ils nous ont suivis depuis la grand'halte pour bien s'assurer que tout se passerait comme à Mahafosa.

» J'en expédie deux au village de Sajokoso (chef Ramahatanjy) qui est occupé; mais les hommes de ce village et ceux que j'y ai envoyés se sauvent dès que la troupe approche.

» Tsimitampy les ramène bientôt.

» Vers le sud-ouest, on voit des hommes fuir en assez grand nombre vers la forêt. Laissant la reconnaissance à mi-chemin, je les rejoins avec Tsiavaratra, Tsimitampy et Tsiarena (Tsihitatrano d'Ivohibé), dans les marais à l'ouest d'Ambalaoraka. Ce sont les gens de ce village. Le chef Itsiafehy, bientôt rassuré, rappelle ses gens et je les décide à rentrer au village, où peu après arrive la reconnaissance. Les habitants ont vendu à nos hommes du riz, des poulets, et sont tranquillisés. Ils m'ont demandé l'autorisation d'aller allumer des feux dans les rizières, à 200 mètres au nord d'ici (pour effrayer les canards). Je la leur ai accordée. C'est, sans doute, la peur de coucher parmi nous qui les a poussés à me demander cette autorisation. Je ne crois pas qu'ils osent tenter quelque coup ; la nuit est très noire; il y a des marais sur trois faces du village; la forêt touche presque le village à l'est, mais la lisière est bien surveillée. D'ailleurs, je n'avais pas le choix pour camper, partout ailleurs la forêt est très épaisse.

» Trois hommes d'Ambondro (soumis) sont venus ce soir, ici, pour nous voir. Je les ai envoyés sur la Manandroby, dans l'Ihazolava, pour travailler les gens de Rabehoja (Antaivolafotsy) insoumis, parents d'Indriambihy-Imandabé. »

Le carnet de route du sous-lieutenant Frénée s'arrêtant là, voici, d'après les renseignements recueillis par le capitaine, le récit de la journée du 25.

Journée du 25 août.

Départ d'Ambalàhoraka à 6 h. 30 du matin; on redescend la Sajokoza; forêts, marécages; dans les marais, on voit des traces fraîches de pas dirigés vers le Sud; sur la lisière de la forêt, vers l'Ouest, des sentiers frayés de la nuit. Les partisans prétendent que les Zafindravola de Bemalanto sont venus par là. On prend la route de l'Ouest pour se rendre à Bemelo. Vers 8 heures, on voit sur un mamelon des hommes en grand nombre qui s'enfuient à l'approche de la reconnaissance. Derrière ce mamelon, c'est encore la forêt ; l'avant-garde descend le sentier derrière les partisans. Dès que ceux-ci, l'avant-garde et le lieutenant sont passés, les coups de fusils éclatent et les sagaies pleuvent. Deux miliciens et le lieutenant tombent. Le feu organisé sur les assaillants en a bientôt raison ; la troupe revient sur le mamelon dénudé pour panser les blessés.

M. Frénée avait pu se relever et donner la preuve d'une énergie remarquable. *L'arme restée dans la plaie,* il avait rallié sa troupe et commandé le feu, déchargeant lui-même sur les assaillants les six coups de son revolver.

Le soldat Ehrentrant l'avait vaillamment secondé, donnant l'exemple d'un grand sang-froid et du plus beau courage, enlevant de la voix et du geste les jeunes tirailleurs hésitants.

Puis, il avait arraché lui-même la sagaie de la plaie de son officier blessé, ce qui avait occasionné à celui-ci une douleur atroce ; il avait ensuite pris toutes ses dispositions pour l'enlèvement de ceux qui étaient tombés et de leurs armes.

Les deux miliciens avaient succombé.

Le milicien Rainifara était mort sur le coup, Razanfindriky avait survécu environ une demi-heure à sa blessure.

Le milicien Andriatsiafatanony, numéro matricule 281, avait été atteint au bras droit d'un coup de sagaie qui, formant séton, avait également pénétré dans le thorax, sous l'aisselle. Ce milicien n'avait rien dit. Demeurant à sa place, dans le rang, il avait continué à faire feu sur les assaillants. Ce n'est qu'après avoir vu panser son officier qu'il avait montré sa blessure et demandé des soins.

Les blessés ayant été pansés et le transport de M. Frénée et des deux miliciens tués organisé, la reconnaissance reprend sa marche, vers 10 heures, dans la direction de l'Ouest.

Tout le long de la route, sur le côté sud, on rencontre l'ennemi, sans doute les Antaivolafotsy de la Manandrohy.

A 1 h. 30, on atteint l'Itomampy.

A 2 h. 30, la reconnaissance pénètre dans le village évacué de Befotaka (chef Remaiky).

De tous côtés, l'ennemi se dispose sur les crêtes.

Le soldat Ehrentrant, après avoir installé son lieutenant qui, malgré ses souffrances, lui donne des ordres et l'aide de ses conseils, procède à l'organisation défensive du village. Celui-ci est heureusement entouré d'une bonne palissade.

Ehrentrant la renforce de son mieux.

Bientôt le feu est ouvert de tous côtés sur le village.

Ehrentrant et sa petite troupe y répondent.

Des injures sont échangées entre les rebelles et les partisans, et ceux-ci apprennent ainsi peu à peu qu'il y a là tous les clans Zafindravola (Itomampy) moins celui d'Itondra, les Antaivolafotsy et, en général, tous les Andrabé à l'exception des Rabelaza.

Vers le soir, le soldat Ehrentrant envoie au capitaine

commandant le secteur un exprès pour l'informer de la situation de la reconnaissance. Comme nous l'avons vu, le billet confié à cet exprès mit dix-huit heures pour parvenir à Midongy.

L'ennemi continue pendant une partie de la nuit à tirer sur le village.

Journée du 26 août.

L'ennemi, qui a organisé défensivement les crêtes autour du village, va continuer son tir toute la journée.

A 8 heures du matin, corvée d'eau très pénible ; en effet les rebelles ont posté des hommes un peu à l'ouest du village, à proximité du ruisseau.

Tout le personnel de la reconnaissance, y compris les bourjanes et les boto, sont employés à faire la part du feu, à dégarnir la brousse plus au loin, à enlever les toitures les plus exposées.

Le soir, enterrement des cadavres des deux miliciens qui commencent à se décomposer. Puis, le soldat Ehrentrant envoie au capitaine un deuxième courrier qui, comme on le sait, est rejoint vers minuit.

A 11 heures, un bourjane vient annoncer l'arrivée du capitaine.

Tels sont les renseignements que recueille le capitaine sur ce qui s'est passé jusqu'à son arrivée.

Il lui faut maintenant songer à protéger l'arrivée du sergent Jonnaux, à faire payer le plus cher possible aux rebelles leur agression injustifiée et à ramener à Midongy M. Frénée, dont l'état inspire les plus vives inquiétudes.

Le plus pressé est de songer au sergent Jonnaux.

Son groupe n'est pas encore signalé à 4 heures du matin et sa situation peut devenir critique.

Le capitaine charge deux Bara de lui porter un

mot, l'informant qu'il sera sûrement attaqué s'il ne l'a pas encore été, que, de Befotaka, on protégera son passage de l'Itomampy, si ce passage peut s'effectuer et si l'épais brouillard qui couvre toute la vallée se dissipe suffisamment pour permettre d'y voir clair.

Mais les deux Baras reviennent en disant qu'ils ne peuvent passer, que les rives sont gardées. La promesse d'une forte récompense ne peut les décider ; elle n'a pas plus d'effet sur deux autres. Enfin, on trouve deux hommes qui consentent à partir.

Le capitaine examine ensuite et fait compléter l'organisation défensive du village. Tout ce qu'il relève fait honneur au soldat Ehrentrant. Les abords du village ont été débroussaillés; la palissade a été renforcée avec tous les matériaux trouvés et les portes des cases. Des ouvertures ont été ménagées pour le tir. Enfin, des trous de tirailleurs ont été creusés.

Journée du 27 août.

Le jour arrive sans que le brouillard se dissipe et sans que l'on reçoive de nouvelles du groupe laissé en arrière.

Comme ce groupe doit venir par le Nord, défense est faite aux tireurs de cette face de faire feu. Puis, de petites fractions sont préparées à l'avance avec mission de s'élancer, au moment voulu, dans le prolongement des faces est et ouest pour protéger le passage de l'Itomampy par la petite troupe du sergent Jonnaux.

Vers 7 heures, on entend des détonations isolées, puis des feux de salve.

Plus de doute, c'est le sergent Jonnaux. Toutefois, il serait encore prématuré de sortir.

Le brouillard se dissipe légèrement, mais on ne peut encore apercevoir l'Itomampy.

Tout à coup, sur la face est, au moment même où le capitaine recommandait aux tirailleurs de mieux s'abriter, quatre coups de fusil partent presque simultanément, aussitôt suivis d'un feu roulant. L'ennemi est si rapproché que les bourres tombant à nos pieds se consument lentement sur le sol.

La petite garnison riposte par un feu à volonté.

On commence à apercevoir vaguement le groupe Jonnaux et le mouvement de la pirogue sur le fleuve, pendant que les coups de fusils bara, auxquels répondent les nôtres, continuent à se faire entendre sur les faces est et ouest de Befotaka. On peut estimer à plus de cent le nombre des coups tirés par les rebelles en quelques minutes.

Le brouillard continue à se dissiper; la fusillade cesse; les assaillants doivent avoir la majeure partie de leurs armes déchargées; le moment est venu de faire une sortie avec les fractions désignées. Un nouveau feu à volonté est ouvert par nous sur les mêmes faces pendant que le mouvement s'opère.

Partisans et miliciens gagnent rapidement les emplacements indiqués et ne tardent pas à encadrer le mouvement Jonnaux.

Mais déjà les rebelles se replient regagnant les crêtes. Nous les poursuivons de nos feux, principalement dans la direction d'Ampifinola, village situé au sommet d'un mamelon élevé et par lequel s'échappent de nombreux groupes dont quelques-uns emportent des corps.

La fraction de l'Est continue la poursuite jusqu'à Ampifinola, pendant que le sergent Jonnaux, qui a réussi à opérer son mouvement sans éprouver la moindre perte, fait son entrée à Befotaka.

Il est 9 heures du matin. Nos morts sont en partie vengés, et la journée a commencé sous d'heureux auspices.

Bientôt, des appels se font entendre, des lambas blancs hissés au bout de bâtons et un drapeau tricolore sont aperçus sur les crêtes sud-ouest. Les partisans répondent et vont chercher des indigènes qui demandent à saluer le capitaine et lui apportent les cadeaux d'usage

Ce sont :

Imaka, fils du chef Ingidihira de Befotaka même, qui déclare ne pas se solidariser avec les siens qui ont fui et qui demande à les quitter et à s'installer aux environs de Midongy ;

Itondra, chef zafindravola d'Ibefoza, qui amène un bœuf en cadeau ;

Indalo, fils de Famatara, du village de Bemelo (clan des Fotsaomby) ;

Folegy, du village de Fénoarivo (Rabehava).

Il paraîtrait que les Zafindravalas de Ranotsara, arrivés la veille au soir, n'auraient pas pris part à la lutte, auraient passé une partie de la nuit en face de Befotaka et seraient repartis de grand matin.

Les partisans disent aussi qu'ils viennent de découvrir deux cadavres oubliés dans la brousse.

On ne pouvait songer à partir de suite, car les hommes avaient besoin d'un peu de repos.

Fort heureusement pour nous, les rebelles, par suite d'un oubli inconcevable, avaient négligé, la veille, de s'emparer de la pirogue de Befotaka.

Il importait de s'assurer au plus tôt de cet unique moyen de passage.

A cet effet, tous les Baras présents, au nombre de plus de cent, sont immédiatement employés à transporter la pirogue au village.

Cette opération demande près d'une heure.

Le reste de la journée se passe sans incident.

Avant la tombée de la nuit, les cartouches des hommes sont complétées, les vivres distribués et les charges préparées à l'avance, le départ devant s'effectuer de grand matin. Puis, la troupe, rassemblée sous les armes, rend les derniers honneurs aux deux miliciens tombés au champ du devoir et qui avaient été enterrés la veille.

Pendant la nuit, rien à signaler.

Journée du 28 août.

A 2 h. 30, réveil. Transport de la pirogue à l'Itomampy, sous la direction du sergent Jonnaux, qui passe ensuite sur la rive gauche avec une petite fraction protégée sur ses flancs par des groupes disposés aux endroits propices, pendant que la majeure partie de la troupe reste à Befotaka, avec M. Frénée.

Passage successif des bagages et de leurs porteurs; d'une autre fraction, de M. Frénée, puis du reste de la troupe. Le capitaine passe avec les derniers, à 7 h. 30. Le soldat Baraignot demeure jusqu'au dernier moment à Béfotaka pour conserver des feux allumés mais empêcher à tout prix que le feu ne soit mis aux cases, afin de ne pas attirer l'attention des rebelles.

Les dispositions sont prises pour la marche sous la protection des échelons disposés à mesure de leur débarquement.

Les partisans sont placés en éventail et en flanqueurs pour éclairer la route. Des ordres sont donnés pour prendre position sur place et couvrir de feux de salve les points suspects si les partisans en signalent.

L'itinéraire se poursuit sans incident jusqu'à hauteur de Mahamamy, l'ancien village fortifié de Bemalanto, abandonné par lui depuis plusieurs mois pour le repaire d'Imelaheloka.

Près de Mahamamy, la monture du capitaine manque brusquement des pieds de derrière et roule sur une pente des plus raides. Cet officier qui, heureusement, n'avait pas les pieds aux étriers, est assez heureux pour se retenir à un bouquet d'arbustes et sortir d'une position des plus critiques, grâce à un partisan qui lui tend la main. Il ne faut plus songer à monter à mulet.

Avant d'arriver à Imilaheloka, quelques coups de feu, une dizaine environ, sont tirés sur l'arrière-garde, de la rive droite de l'Itomampy. Comme la veille, le brouillard n'est pas encore entièrement dissipé, mais l'on découvre deux hommes sur l'autre rive; quelques coups de feu sont tirés dans leur direction. On entre ensuite en pleine forêt, terrain éminemment propice à l'embuscade, ainsi qu'on peut en juger à chaque pas. A signaler notamment de vastes cuvettes rocheuses couvertes d'un épais fourré ; mais toute la forêt est traversée en trois heures sans incident.

A la sortie, l'horizon se découvre ; çà et là, à main droite (Est), des bouquets de bois à des distances variant de 50 à 300 mètres, quelques-uns sur le chemin même qu'il faudra traverser.

Les partisans y sont postés rapidement ; d'abord, rien de suspect.

Avant d'arriver à Ilanja, qui n'est pas encore en vue, un épais nuage de fumée s'élève dans les airs. Les partisans prennent le pas de course ; c'est Ilanja qui brûle, incendié par ses habitants eux-mêmes qui ont dû y passer la nuit. Ils sont armés et fuient ; les partisans, pris d'une sorte d'emballement, se lancent à leur poursuite, leur envoient des feux, mais s'arrêtent en voyant les fuyards prendre la direction de l'Est dans une course folle qu'accentuent les feux de salve de notre avant-garde.

A Ambohilahy (chef zafindravola Rebizika), les habitants du village, situé à 600 mètres environ de la route, arborent un drapeau blanc, mais disparaissent ensuite sur les pentes opposées. Ce village n'était pas occupé, le 28, à 4 heures du soir.

A Andranomigada (chef Rasina, Zafindravola), village abandonné, des bouquets de bois sont encore occupés à 300 mètres environ à l'Est; mais, seuls, de petits nuages de fumée bleue et des détonations révèlent la présence des rebelles.

Immédiatement les premiers échelons prennent position en arrière de la crête et criblent de feux les points suspects.

Mais, de l'autre côté aussi, les balles pleuvent dru sur nous.

Les bourjanes, auxquels se sont joints plus de 150 Bara inutilisables, s'affolent et se serrent comme un troupeau de moutons en voyant tomber un des leurs atteint d'une balle au poumon droit et un autre blessé au bras.

A ce moment, le sous-lieutenant Frénée saute à bas de son filanzane malgré le soldat Ehrentrant, chargé spécialement de sa garde, et oubliant ses cruelles souffrances, se porte sur la chaîne, revolver au poing, pour y rétablir l'ordre.

Le capitaine a toutes les peines du monde à lui faire reprendre son filanzane.

L'ennemi se retire et la marche est reprise. Mais l'arrière-garde aperçoit deux groupes d'une dizaine de rebelles qui se dissimulent pour tomber sur nos derrières.

Repoussés à deux reprises, ils finissent par lâcher pied après avoir perdu plusieurs hommes.

A la sortie d'Isiary, sur les bords du ruisseau du même nom, passage difficile, le torrent est bordé à l'Ouest d'un massif rocheux d'où partent des coups de feu, évidemment dirigés sur le filanzane de M. Frénée; mais personne n'est atteint.

Pendant que s'effectue le passage de l'Itomampy, le capitaine, aidé du soldat Baraignot, qui n'a cessé de conduire sa troupe avec énergie et sang-froid, continue à observer les derrières ; quatre rebelles armés sont encore aperçus; ils saluent les balles qui leur sont envoyées et nos derniers coups de feu font chorus avec les chants de soumission des habitants des villages de la rive droite.

La troupe s'établit en halte gardée.

Un mot est envoyé à Midongy pour prévenir de notre arrivée.

Le bourjane blessé au poumon droit se meurt. L'autre bourjane, qui a eu le bras traversé, reçoit les premiers soins.

A 6 h. 30 du soir, la reconnaissance atteint Midongy, où M. Frénée, qui est très mal, va enfin pourvoir être soigné (1).

(1) Le lieutenant Frénée est heureusement guéri de ses blessures et a été nommé chevalier de la Légion d'honneur.

Paris et Limoges. — Imp. milit. Henri CHARLES-LAVAUZELLE.

Librairie militaire Henri CHARLES-LAVAUZELLE

Paris et Limoges.

GUERRE DE 1870. — **La première armée de l'Est.** — Reconstitution exacte et détaillée de petits combats avec cartes et croquis, par le commandant breveté Xavier EUVRARD. — Volume grand in-8° de 268 pages....... 6 »

L'armée de Metz, 1870, par le colonel THOMAS. — Vol. in-8° de 232 pages, orné d'un portrait et de deux cartes.................................. 3 »

Le maréchal Bazaine pouvait-il, en 1870, sauver la France? par Ch. KUNTZ, major (H. S.), traduit par le colonel d'infanterie E. GIRARD. — Vol. in-8° de 248 p., avec une carte hors texte des envir. de Metz. 4 »

CAMPAGNE DE 1870-71. — **Le 13e corps dans les Ardennes et dans l'Aisne,** ses opérations et celles des corps allemands opposés. Etude faite par le capitaine breveté VAIMBOIS, de l'état-major de la 10e division d'infanterie. — Volume in-8° de 224 pages........................ 3 50

La défense de Belfort, écrite sous le contrôle de M. le colonel Denfert-Rochereau, par MM. Edouard THIERS, capitaine du génie, et S. DE LA LAURENCIE, capitaine d'artillerie, anciens élèves de l'Ecole polytechnique, de la garnison de Belfort (5e édition). — Volume in-8° de 420 pages, avec trois cartes et plans en couleurs hors texte........................ 7 50

Histoire militaire de la France depuis les origines jusqu'en 1843, par Emile SIMOND, capitaine au 28e d'infanterie. — 2 vol. in-32 de 112 et 102 pages, brochés, l'un. » 50; reliés pleine toile gaufrée, l'un..... » 75

Histoire militaire de la France, de 1843 à 1871, par Emile SIMOND, capitaine au 28e de ligne. — 2 volumes in-32 de 96 et 104 pages, brochés, l'un. » 50; reliés pleine toile gaufrée.............................. » 75

Crimée-Italie. — Notes et correspondances de campagne du général de Wimpffen, publiées par H. GALLI. *Ouvrage honoré d'une souscription du ministère de la guerre.* — Volume grand in-8° de 180 pages....... 5 »

Tableaux d'histoire à l'usage des sous-officiers candidats aux Ecoles militaires de Saint-Maixent, Saumur, Versailles et Vincennes, par Noël LACOLLE, lieutenant d'infanterie. — Volume in-18 de 144 pages. 2 50

Memento chronologique de l'histoire militaire de la France, par le capitaine Ch. ROMAGNY, professeur de tactique et d'histoire à l'Ecole militaire d'infanterie. — Volume in-18 de 316 pages.......................... 4 »

Précis historique des campagnes modernes. Ouvrage accompagné de 37 cartes du théâtre des opérations, à l'usage de MM. les candidats aux diverses écoles militaires (2e édition). — Vol. in-18 de 232 p., broché. 3 50

Sans armée (1870-1871), Souvenirs d'un capitaine, par le commandant KANAPPE. — Volume in-18 de 336 **pages,** broché........................ 3 50

La charge de cavalerie de Somo-Sierra (Espagne), le 30 novembre 1808, par le lieutenant général POUZEREWSKY, traduit du russe par le capitaine Dimitry OZNOBICHINE, de l'état-major général de l'armée russe. — Brochure in-8° de 56 pages avec 2 croquis dans le texte............. 1 50

Carnet d'un officier. — En colonne au Laos (1887-1888). — Volume in 8° de 72 pages.. 2 »

GÉNÉRAL F***. — **Souvenirs d'un officier de l'armée belge à propos des militaires français internés à Anvers** pendant la guerre de 1870-71. — Brochure in-8° de 22 pages................................... » 75

ETUDES DE TACTIQUE APPLIQUÉE. — **L'Attaque de Saint-Privat** (18 août 1870), par Pierre LEHAUTCOURT. — Volume in-8° de 112 pages, avec un croquis dans le texte.. 2 50

Général LAMIRAUX. — **Le siège de Saint-Sébastien en 1813,** avec un croquis dans le texte. — Brochure in-8° de 54 pages................. 1 25

Danger du principe fondamental de Jomini, par le capitaine L. FARAUD. — Brochure in-8° de 22 pages.. » 60

www.ingramcontent.com/pod-product-compliance
Ingram Content Group UK Ltd.
Pitfield, Milton Keynes, MK11 3LW, UK
UKHW021036220726
13924UKWH00001B/359

9 782019 921699